AF222180

Impressum
Verlag: BABADADA GmbH, Nedderfeld 112 , 22529 Hamburg
Geschäftsführer / Verlagsleitung: Harald Hof
Druck: Books on Demand GmbH, In de Tarpen 42, 22848 Norderstedt

Imprint
Publisher: BABADADA GmbH, Nedderfeld 112 , 22529 Hamburg, Germany
Managing Director / Publishing direction: Harald Hof
Print: Books on Demand GmbH, In de Tarpen 42, 22848 Norderstedt

die Schule

école

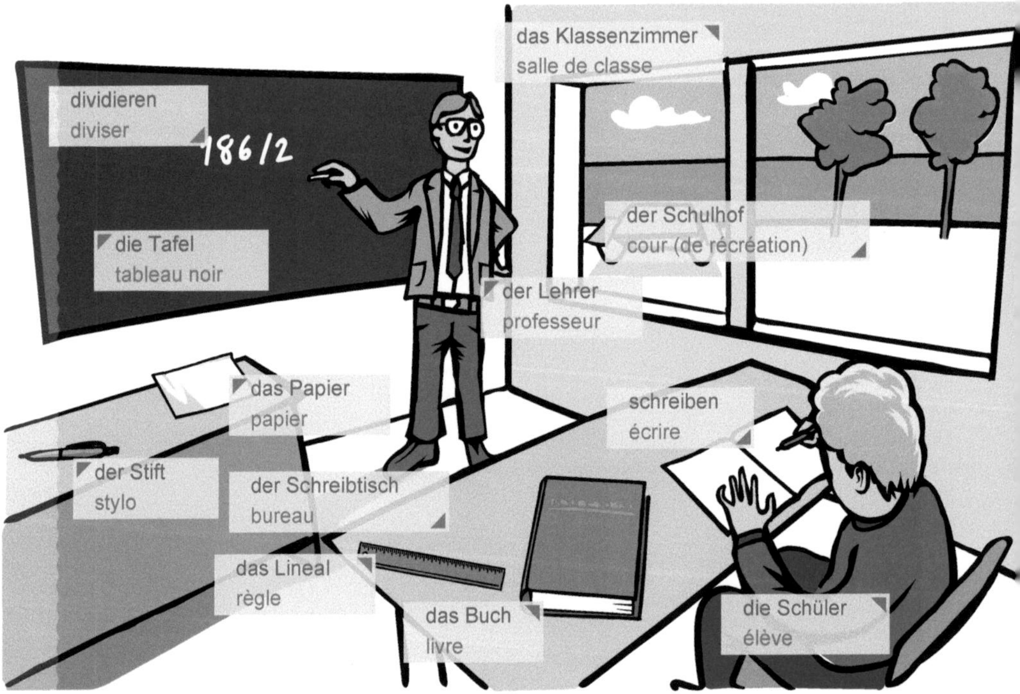

das Klassenzimmer
salle de classe

dividieren
diviser

186/2

die Tafel
tableau noir

der Schulhof
cour (de récréation)

der Lehrer
professeur

das Papier
papier

schreiben
écrire

der Stift
stylo

der Schreibtisch
bureau

das Lineal
règle

das Buch
livre

die Schüler
élève

die Schultasche
cartable

die Federmappe
trousse

der Bleistift
crayon

der Bleistiftspitzer
taille-crayon

der Radierer
gomme

der Zeichenblock
carnet à dessin

die Zeichnung

dessin

der Pinsel

pinceau

der Malkasten

boîte de peinture

die Schere

ciseaux

der Klebstoff

colle

das Übungsheft

cahier d'exercices

die Hausübung

devoirs

die Zahl

chiffre

addieren

additionner

subtrahieren

soustraire

multiplizieren

multiplier

rechnen

calculer

der Buchstabe

lettre

das Alphabet

alphabet

das Wort

mot

der Text

texte

lesen

lire

die Kreide

craie

die Unterrichtsstunde

leçon

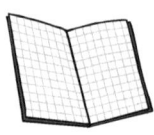

das Klassenbuch

livre de classe

die Prüfung

examen

das Zeugnis

certificat

die Schuluniform

uniforme scolaire

die Ausbildung

formation

das Lexikon

lexique

die Universität

université

das Mikroskop

microscope

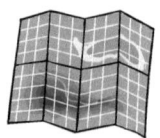

die Karte

carte

der Papierkorb

corbeille à papier

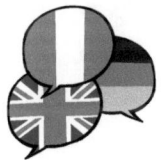

die Reise

voyage

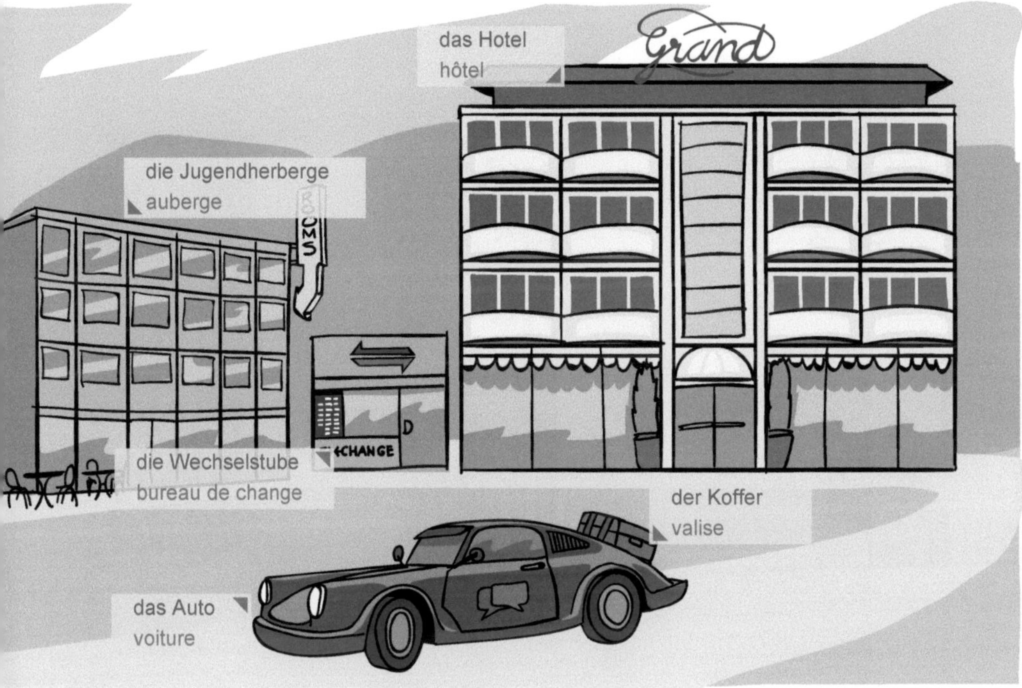
das Hotel
hôtel
Grand
die Jugendherberge
auberge
ROOMS
die Wechselstube
bureau de change
der Koffer
valise
das Auto
voiture

die Sprache

langue

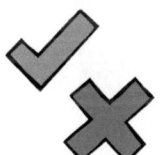

ja / nein

oui / non

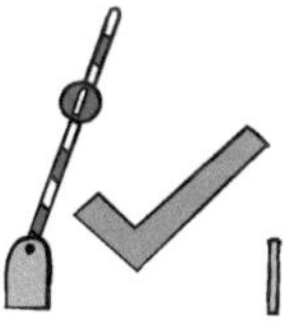

Okay

d'accord

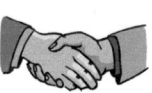

Hallo

Salut

die Dolmetscherin

interprète

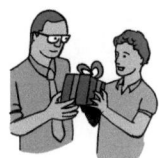

Danke

merci

Wie viel kostet ...?

Combien coûte...?

Ich verstehe nicht.

Je ne comprends pas

das Problem

problème

Guten Abend!

Bonsoir !

Guten Morgen!

Bonjour !

Gute Nacht!

Bonne nuit !

Auf Wiederschaun!

Au revoir

die Richtung

direction

das Gepäck

bagages

die Tasche

sac

der Rucksack

sac-à-dos

der Gast

hôte

das Zimmer

pièce

der Schlafsack

sac de couchage

das Zelt

tente

die Touristeninformation

office de tourisme

der Strand

plage

die Kreditkarte

carte de crédit

das Frühstück

petit-déjeuner

das Mittagessen

déjeuner

das Abendessen

dîner

die Fahrkarte

billet

der Lift

ascenseur

die Briefmarke

timbre

die Grenze

frontière

der Zoll

douane

die Botschaft

ambassade

das Visum

visa

der Pass

passeport

der Transport

transport

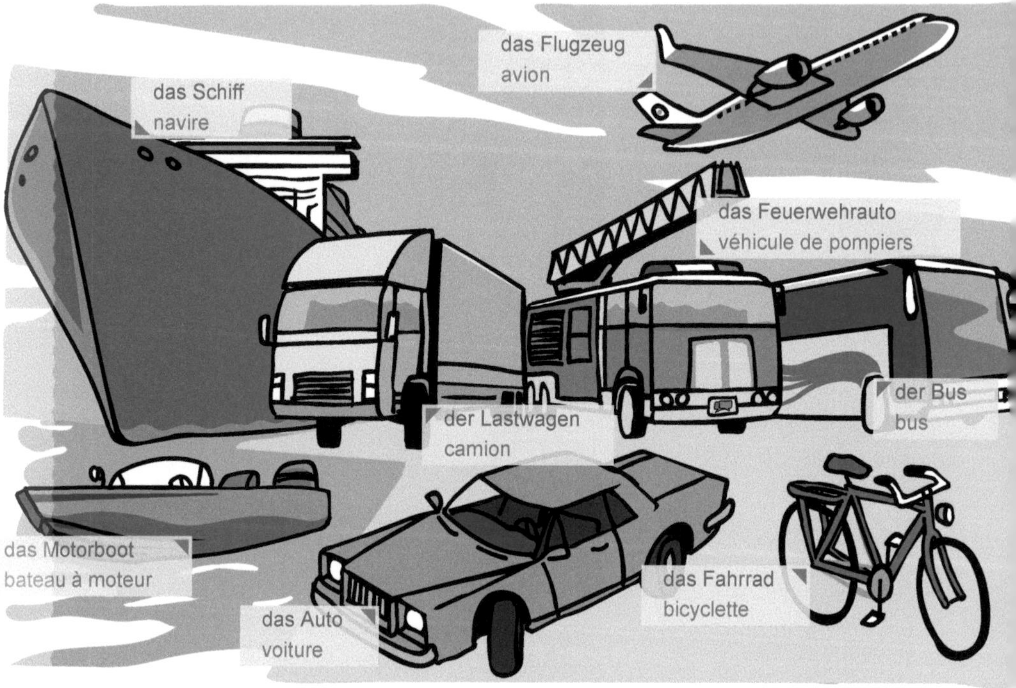
das Flugzeug
avion
das Schiff
navire
das Feuerwehrauto
véhicule de pompiers
der Bus
bus
der Lastwagen
camion
das Motorboot
bateau à moteur
das Fahrrad
bicyclette
das Auto
voiture

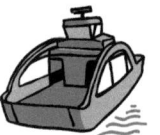

die Fähre

ferry

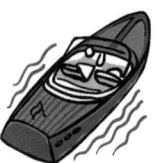

das Boot

barque

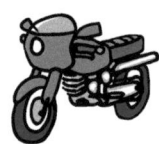

das Motorrad

moto

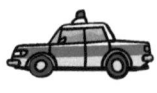

das Polizeiauto

voiture de police

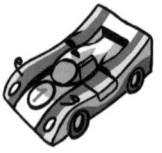

das Rennauto

voiture de course

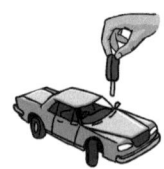

der Mietwagen

voiture de location

das Carsharing

auto-partage

der Abschleppwagen

voiture de remorquage

der Müllwagen

benne à ordures

der Motor

moteur

der Kraftstoff

essence

die Tankstelle

station d'essence

das Verkehrsschild

panneau indicateur

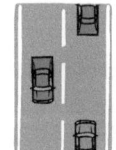

der Verkehr

trafic

der Stau

embouteillage

der Parkplatz

parking

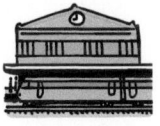

der Bahnhof

gare

die Schienen

rails

der Zug

train

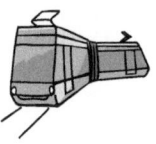

die Straßenbahn

tramway

der Wagon

wagon

der Hubschrauber

hélicoptère

der Flughafen

aéroport

der Tower

tour

der Passagier

passager

der Container

conteneur

der Karton

carton

der Rollwagen

chariot

der Korb

corbeille

starten / landen

décoller / atterrir

die Stadt
ville

das Dorf

village

das Stadtzentrum

centre-ville

das Haus

maison

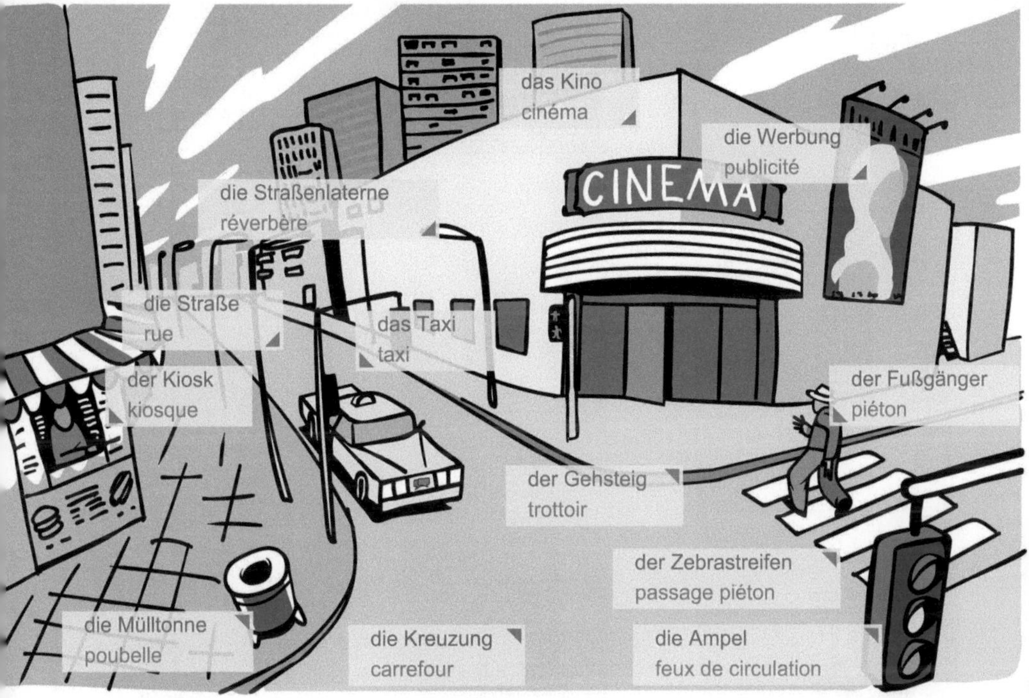

die Kino
cinéma

die Werbung
publicité

die Straßenlaterne
réverbère

CINEMA

die Straße
rue

das Taxi
taxi

der Kiosk
kiosque

der Fußgänger
piéton

der Gehsteig
trottoir

der Zebrastreifen
passage piéton

die Mülltonne
poubelle

die Kreuzung
carrefour

die Ampel
feux de circulation

die Hütte

cabane

die Wohnung

appartement

der Bahnhof

gare

das Rathaus

mairie

das Museum

musée

die Schule

école

die Universität

université

die Bank

banque

das Spital

hôpital

das Hotel

hôtel

die Apotheke

pharmacie

das Büro

bureau

die Buchhandlung

librairie

das Geschäft

magasin

der Blumenladen

fleuriste

der Supermarkt

supermarché

der Markt

marché

das Kaufhaus

grand magasin

der Fischhändler

poissonnerie

das Einkaufszentrum

centre commercial

der Hafen

port

der Park

parc

die Bank

banque

die Brücke

pont

die Stiege

escaliers

die U-Bahn

métro

der Tunnel

tunnel

die Bushaltestelle

arrêt de bus

die Bar

bar

das Restaurant

restaurant

der Briefkasten

boîte à lettres

das Straßenschild

panneau indicateur

die Parkuhr

parcmètre

der Zoo

zoo

die Badeanstalt

piscine

die Moschee

mosquée

die Stadt - ville 13

der Bauernhof

ferme

die Umweltverschmutzung

pollution

der Friedhof

cimetière

die Kirche

église

der Spielplatz

aire de jeux

der Tempel

temple

die Landschaft

paysage

das Blatt
feuille

der Wegweiser
panneau indicateur

der Weg
chemin

die Wiese
pré

der Stein
pierre

der Wanderer
randonneur

der Baum
arbre

der Fluss
rivière

das Gras
herbe

die Blume
fleur

das Tal

vallée

der Hügel

montagne

der See

lac

der Wald

forêt

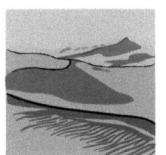

die Wüste

désert

der Vulkan

volcan

das Schloss

château

der Regenbogen

arc-en-ciel

der Pilz

champignon

die Palme

palmier

der Moskito

moustique

die Fliege

mouche

die Ameise

fourmis

die Biene

abeille

die Spinne

araignée

der Käfer

coléoptère

der Frosch

grenouille

das Eichhörnchen

écureuil

der Igel

hérisson

der Hase

lièvre

die Eule

chouette

die Vogel

oiseau

der Schwan

cygne

das Wildschwein

sanglier

der Hirsch

cerf

der Elch

élan

der Staudamm

barrage

das Windrad

éolienne

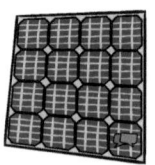

das Solarmodul

panneau solaire

das Klima

climat

die Landschaft - paysage

das Restaurant

restaurant

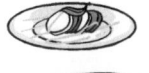

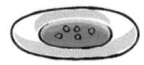

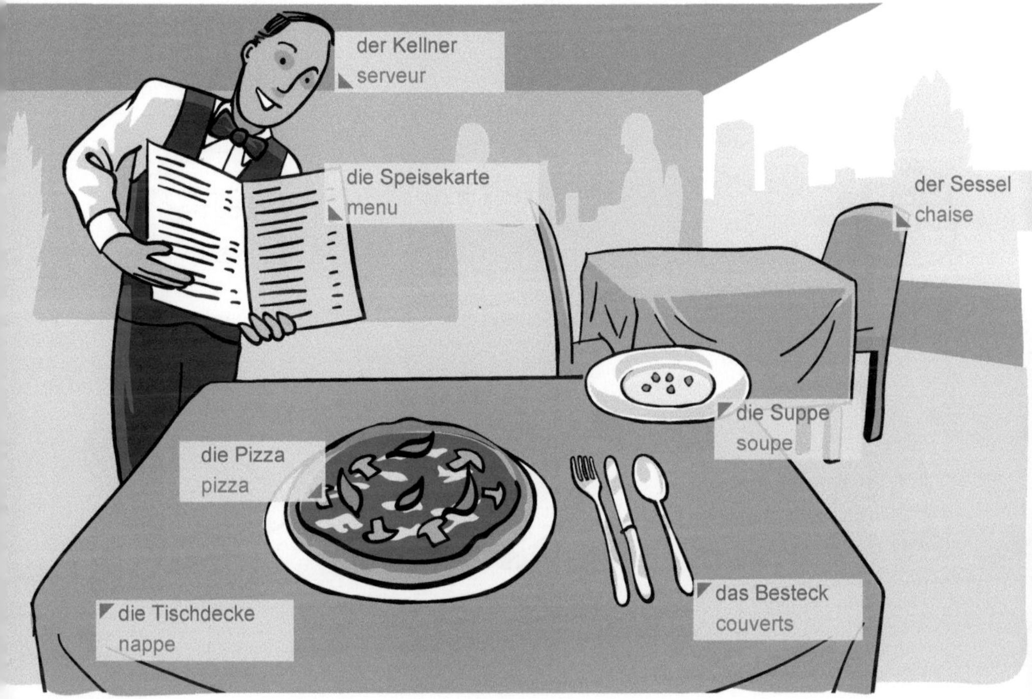
der Kellner
serveur
die Speisekarte
menu
der Sessel
chaise
die Suppe
soupe
die Pizza
pizza
das Besteck
couverts
die Tischdecke
nappe

die Vorspeise

hors d'œuvre

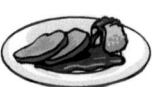

das Hauptgericht

plat principal

die Nachspeise

dessert

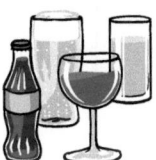

die Getränke

boissons

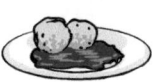

das Essen

alimentation

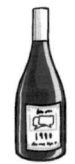

die Flasche

bouteille

das Fastfood

fast-food

das Streetfood

plats à emporter

die Teekanne

théière

die Zuckerdose

sucrier

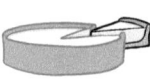

die Portion

portion

die Espressomaschine

machine à expresso

der Kinderstuhl

chaise haute

die Rechnung

facture

das Tablett

plateau

das Messer

couteau

die Gabel

fourchette

der Löffel

cuillère

der Teelöffel

cuillère à thé

die Serviette

serviette

das Glas

verre

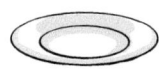

der Teller

assiette

der Suppenteller

assiette à soupe

die Untertasse

soucoupe

die Sauce

sauce

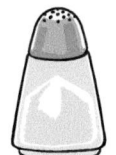

der Salzstreuer

salière

die Pfeffermühle

moulin à poivre

der Essig

vinaigre

das Öl

huile

die Gewürze

épices

das Ketchup

ketchup

der Senf

moutarde

die Mayonnaise

mayonnaise

der Supermarkt
supermarché

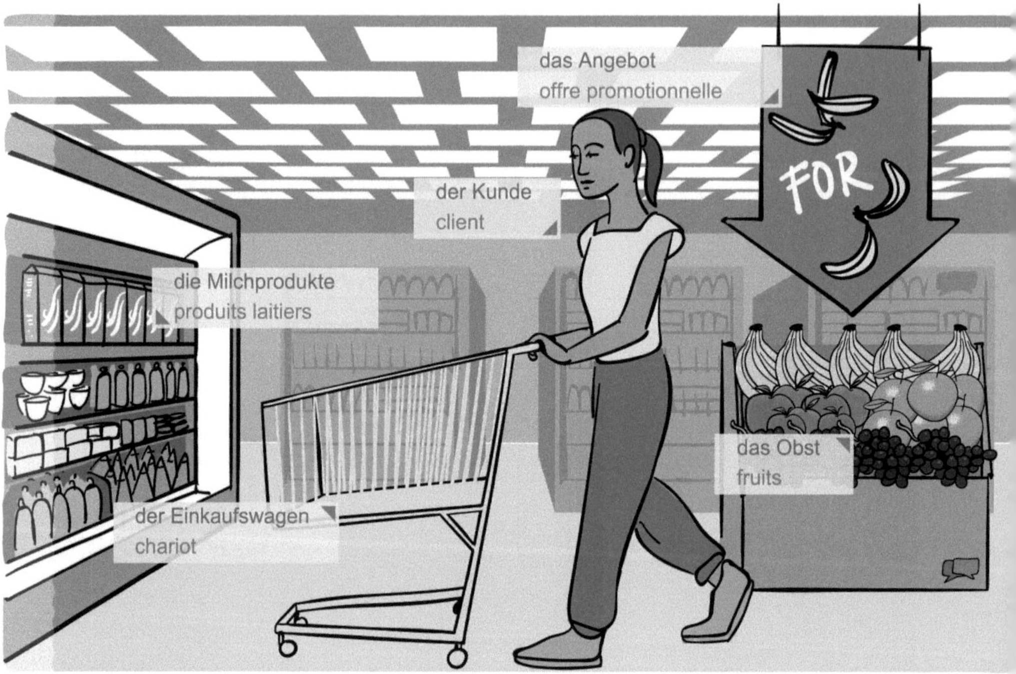

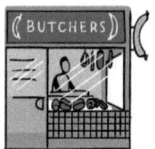

das Angebot
offre promotionnelle
FOR
der Kunde
client
die Milchprodukte
produits laitiers
das Obst
fruits
der Einkaufswagen
chariot

BUTCHERS

die Schlachterei

boucherie

BAKERY

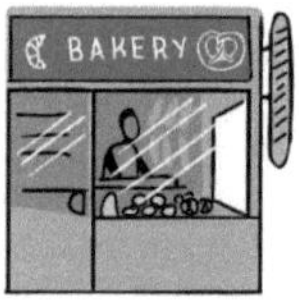

die Bäckerei

boulangerie

wiegen

peser

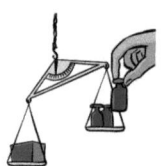

das Gemüse

légumes

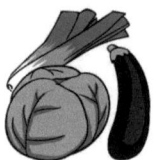

das Fleisch

viande

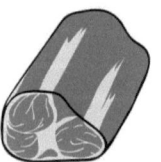

die Tiefkühlkost

aliments surgelés

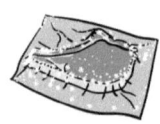

der Aufschnitt

charcuterie

die Konserven

conserves

das Waschmittel

poudre à lessive

die Süßigkeiten

bonbons

die Haushaltsartikel

articles ménagers

das Reinigungsmittel

détergents

die Verkäuferin

vendeuse

die Kassa

caisse

die Kassiererin

caissier

die Einkaufsliste

liste d'achats

die Öffnungszeiten

heures d'ouverture

die Brieftasche

portefeuille

die Kreditkarte

carte de crédit

die Tasche

sac

die Plastiktüte

sac en plastique

die Getränke
boissons

das Wasser

eau

der Saft

jus de fruit

die Milch

lait

die Cola

coca

der Wein

vin

das Bier

bière

der Alkohol

alcool

der Kakao

chocolat chaud

der Tee

thé

der Kaffee

café

der Espresso

expresso

der Cappuccino

cappuccino

die Banane

banane

der Apfel

pomme

die Orange

orange

die Melone

melon

die Zitrone

citron

die Karotte

carotte

der Knoblauch

ail

der Bambus

bambou

die Zwiebel

oignon

der Pilz

champignon

die Nüsse

noisettes

die Nudeln

pâtes

die Spaghetti

spaghetti

der Reis

riz

der Salat

salade

die Pommes frites

pommes frites

die Bratkartoffeln

pommes de terre rôties

die Pizza

pizza

der Hamburger

hamburger

das Sandwich

sandwich

das Schnitzel

escalope

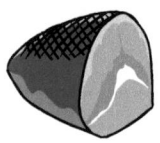

der Schinken

jambon

die Salami

salami

die Wurst

saucisse

das Huhn

poulet

der Braten

rôti

der Fisch

poisson

die Haferflocken

flocons d'avoine

das Müsli

muesli

die Cornflakes

cornflakes

das Mehl

farine

das Croissant

croissant

die Semmel

petits-pains

das Brot

pain

der Toast

pain grillé

die Kekse

biscuits

die Butter

beurre

der Topfen

le fromage blanc

der Kuchen

gâteau

das Ei

œuf

das Spiegelei

œuf au plat

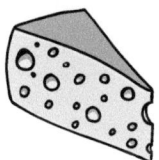

der Käse

fromage

die Eiscreme

glace

der Zucker

sucre

der Honig

miel

die Marmelade

confiture

der Schokoladenaufstrich

crème nougat

das Curry

curry

der Bauernhof
ferme

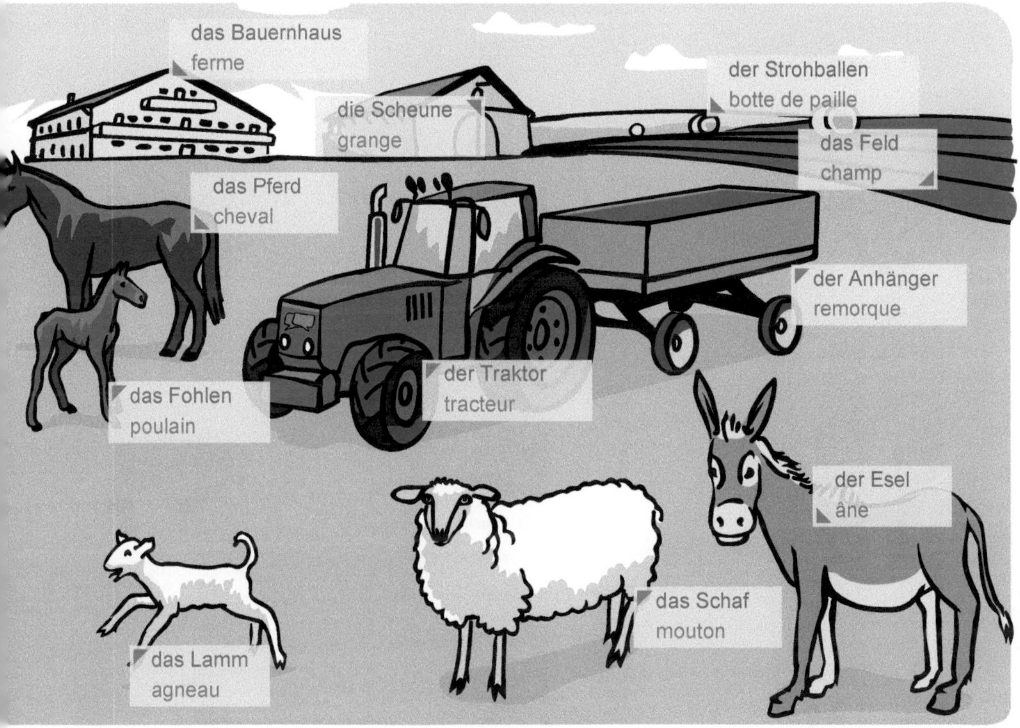
das Bauernhaus
ferme
die Scheune
grange
der Strohballen
botte de paille
das Feld
champ
das Pferd
cheval
der Anhänger
remorque
der Traktor
tracteur
das Fohlen
poulain
der Esel
âne
das Schaf
mouton
das Lamm
agneau

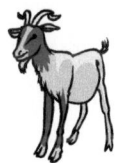

die Ziege

chèvre

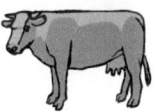

die Kuh

vache

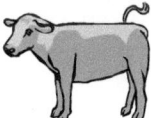

das Kalb

veau

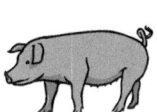

das Schwein

porc

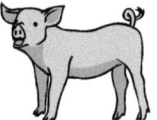

das Ferkel

porcelet

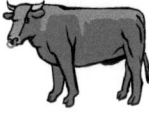

der Stier

taureau

die Gans

oie

die Ente

canard

das Küken

poussin

das Huhn

poule

der Hahn

coq

die Ratte

rat

die Katze

chat

die Maus

souris

der Ochse

bœuf

der Hund

chien

die Hundehütte

chenil

der Gartenschlauch

tuyau de jardin

die Gießkanne

arrosoir

die Sense

faucheuse

der Pflug

charrue

die Sichel

faucille

die Hacke

pioche

die Mistgabel

fourche

die Axt

hache

die Schubkarre

brouette

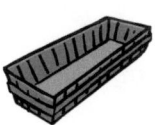

der Trog

cuve

die Milchkanne

pot à lait

der Sack

sac

der Zaun

clôture

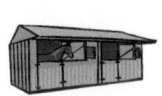

der Stall

étable

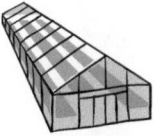

das Treibhaus

serre

der Boden

sol

die Saat

semences

der Dünger

engrais

der Mähdrescher

moissonneuse-batteuse

ernten

récolter

die Ernte

récolte

die Yamswurzel

igname

der Weizen

blé

das Soja

soja

der Erdapfel

pomme de terre

der Mais

maïs

der Raps

colza

der Obstbaum

arbre fruitier

der Maniok

manioc

das Getreide

céréales

das Haus
maison

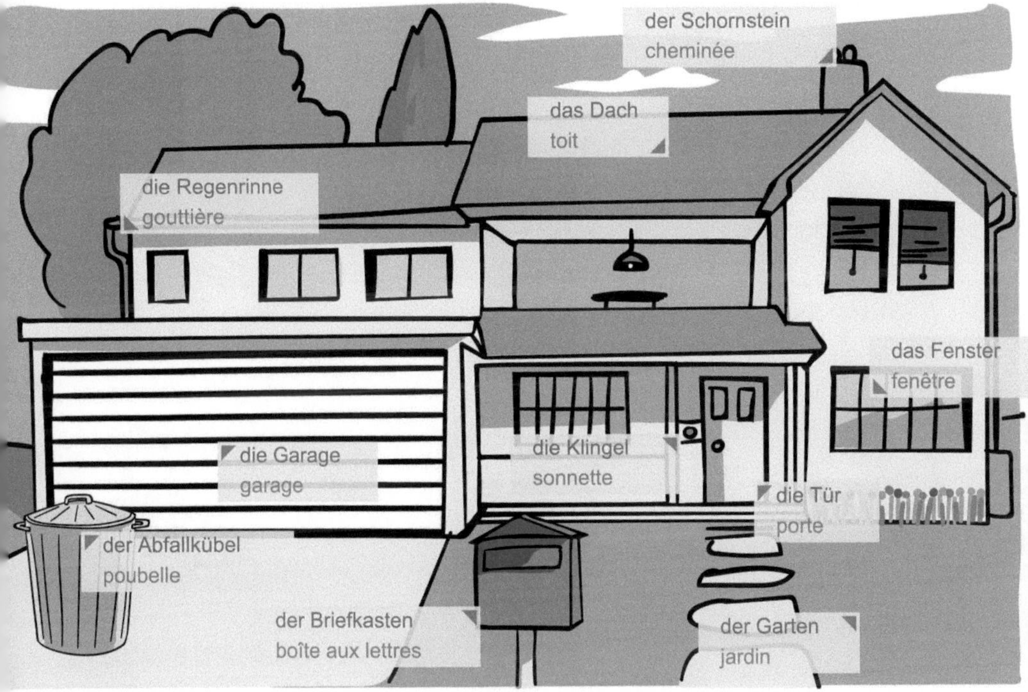

der Schornstein
cheminée

das Dach
toit

die Regenrinne
gouttière

das Fenster
fenêtre

die Garage
garage

die Klingel
sonnette

die Tür
porte

der Abfallkübel
poubelle

der Briefkasten
boîte aux lettres

der Garten
jardin

das Wohnzimmer
salon

das Badezimmer
salle de bain

das Küche
die Küche
cuisine

das Schlafzimmer
chambre à coucher

das Kinderzimmer
chambre d'enfant

das Esszimmer
salle à manger

das Haus - maison

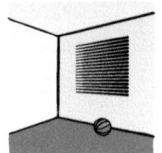

der Boden

sol

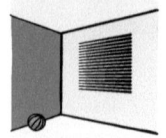

die Wand

mur

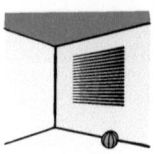

die Decke

plafond

der Keller

cave

die Sauna

sauna

der Balkon

balcon

die Terrasse

terrasse

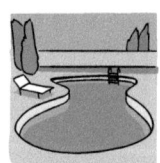

das Schwimmbad

piscine

der Rasenmäher

tondeuse à gazon

der Bettbezug

housse

die Bettdecke

couette

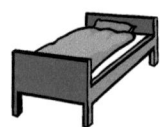

das Bett

lit

der Besen

balai

der Kübel

sceau

der Schalter

interrupteur

das Wohnzimmer

salon

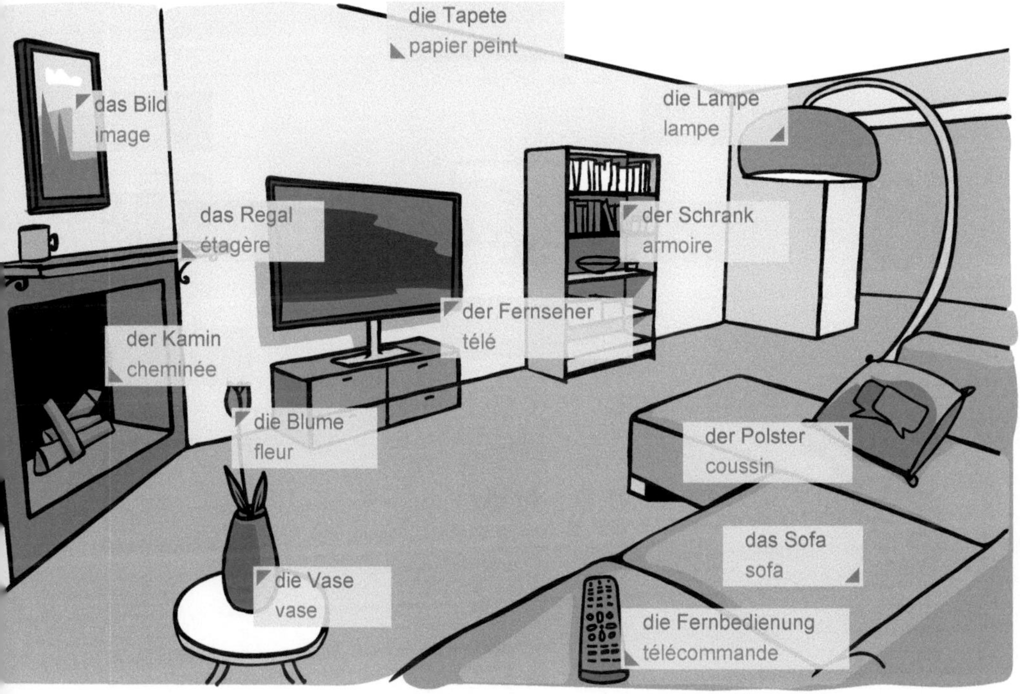

die Tapete
papier peint
das Bild
image
die Lampe
lampe
das Regal
étagère
der Schrank
armoire
der Fernseher
télé
der Kamin
cheminée
die Blume
fleur
der Polster
coussin
das Sofa
sofa
die Vase
vase
die Fernbedienung
télécommande

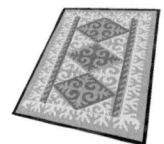

der Teppich

tapis

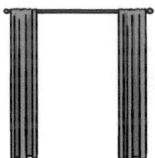

der Vorhang

rideau

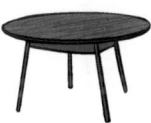

der Tisch

table

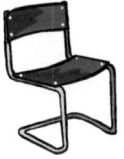

der Sessel

chaise

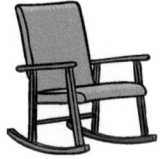

der Schaukelstuhl

chaise à bascule

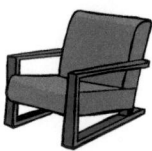

der Sessel

fauteuil

das Buch

livre

die Decke

couverture

die Dekoration

décoration

das Feuerholz

bois de chauffage

der Film

film

die Stereoanlage

chaîne hi-fi

der Schlüssel

clé

die Zeitung

journal

das Gemälde

peinture

das Poster

poster

das Radio

radio

der Notizblock

bloc-notes

der Staubsauger

aspirateur

der Kaktus

cactus

die Kerze

bougie

die Küche

cuisine

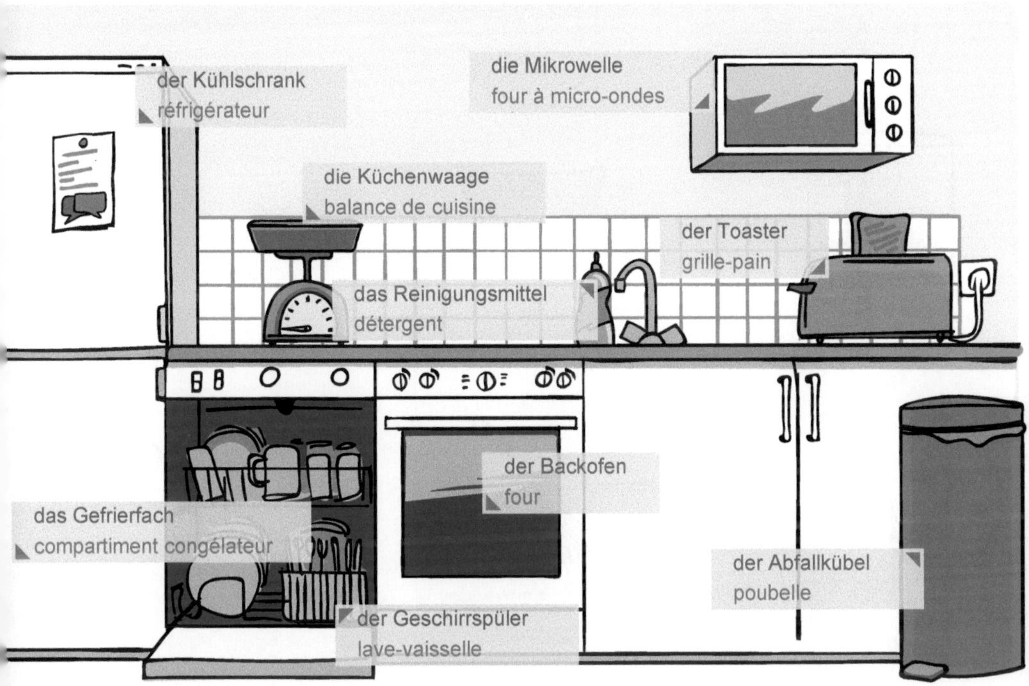
der Kühlschrank
réfrigérateur
die Mikrowelle
four à micro-ondes
die Küchenwaage
balance de cuisine
der Toaster
grille-pain
das Reinigungsmittel
détergent
der Backofen
four
das Gefrierfach
compartiment congélateur
der Abfallkübel
poubelle
der Geschirrspüler
lave-vaisselle

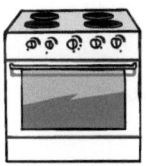

der Herd

four

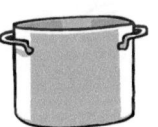

der Topf

casserole

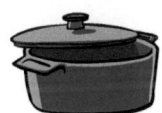

der Eisentopf

marmite

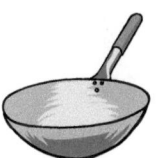

der Wok / Kadai

wok / kadai

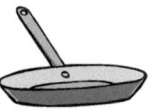

die Pfanne

poêle

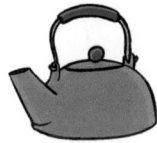

der Wasserkocher

bouilloire electrique

der Dampfgarer

cuiseur vapeur

das Backblech

plaque de cuisson

das Geschirr

vaisselle

der Becher

gobelet

die Schale

coupe

die Essstäbchen

baguettes

der Schöpflöffel

louche

der Pfannenwender

spatule

der Schneebesen

fouet

das Kochsieb

passoire

das Sieb

tamis

die Reibe

râpe

der Mörser

mortier

der Grill

barbecue

das Kaminfeuer

cheminée

das Schneidebrett

planche à découper

das Nudelholz

rouleau à pâtisserie

der Korkenzieher

tire-bouchon

die Dose

boîte

der Dosenöffner

ouvre-boîte

der Topflappen

maniques

das Waschbecken

lavabo

die Bürste

brosse

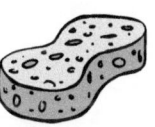

der Schwamm

éponge

der Mixer

mixeur

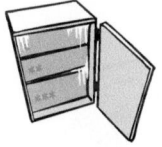

die Gefriertruhe

congélateur

die Babyflasche

biberon

der Wasserhahn

robinet

das Badezimmer
salle de bain

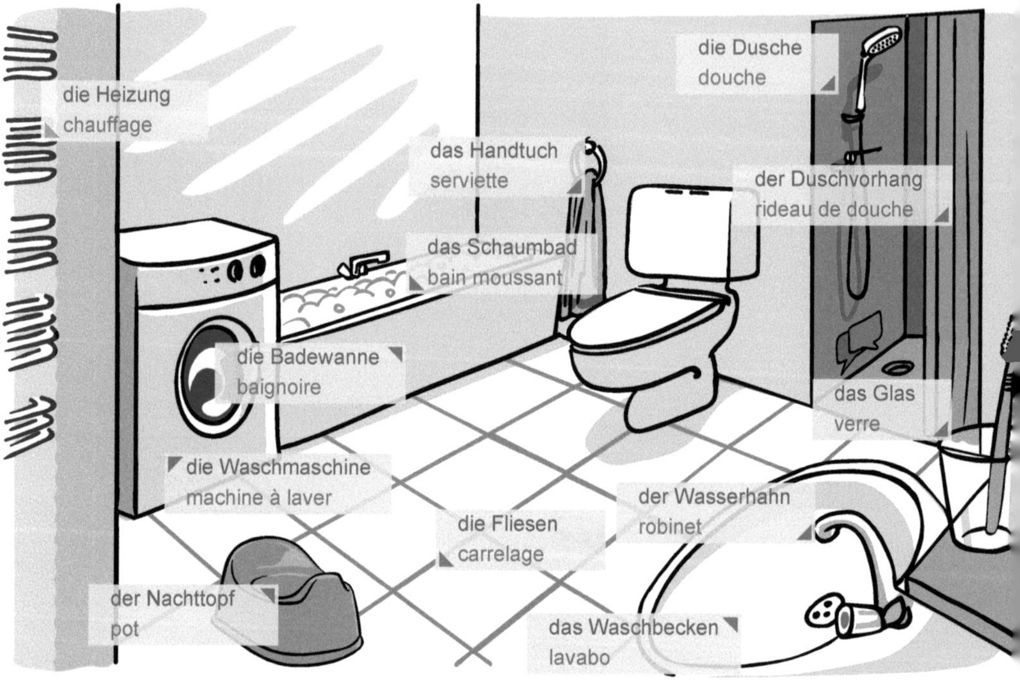

die Dusche
douche

die Heizung
chauffage

das Handtuch
serviette

der Duschvorhang
rideau de douche

das Schaumbad
bain moussant

die Badewanne
baignoire

das Glas
verre

die Waschmaschine
machine à laver

der Wasserhahn
robinet

die Fliesen
carrelage

der Nachttopf
pot

das Waschbecken
lavabo

das Klo

toilettes

die Hocktoilette

toilette à la turque

das Bidet

bidet

das Pissoir

urinoir

das Klopapier

papier toilette

die Klobürste

brosse à toilette

die Zahnbürste

brosse à dents

die Zahnpasta

dentifrice

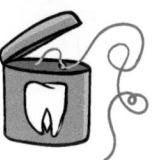

die Zahnseide

fil dentaire

waschen

laver

die Handbrause

douche manuelle

die Intimdusche

douche intime

die Waschschüssel

vasque

die Rückenbürste

brosse dorsale

die Seife

savon

das Duschgel

gel douche

das Shampoo

shampooing

der Waschlappen

gant de toilette

der Abfluss

écoulement

die Creme

crème

das Deodorant

déodorant

der Spiegel

miroir

der Kosmetikspiegel

miroir cosmétique

der Rasierer

rasoir

der Rasierschaum

mousse à raser

das Rasierwasser

après-rasage

der Kamm

peigne

die Bürste

brosse

der Föhn

sèche-cheveux

das Haarspray

laque pour cheveux

das Makeup

fond de teint

der Lippenstift

rouge à lèvres

der Nagellack

vernis à ongles

die Watte

ouate

die Nagelschere

coupe-ongles

das Parfum

parfum

der Kulturbeutel

trousse de toilette

der Hocker

tabouret

die Waage

pèse-personne

der Bademantel

peignoir

die Gummihandschuhe

gants de nettoyage

das Tampon

tampon

die Damenbinde

serviettes hygiéniques

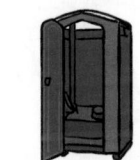

die Chemietoilette

toilette chimique

das Kinderzimmer
chambre d'enfant

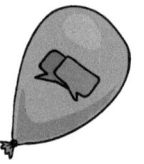

der Wecker
réveil
das Kuscheltier
doudou
das Spielzeugauto
voiture jouet
die Rassel
hochet
das Puppenhaus
maison de poupée
das Geschenk
cadeau

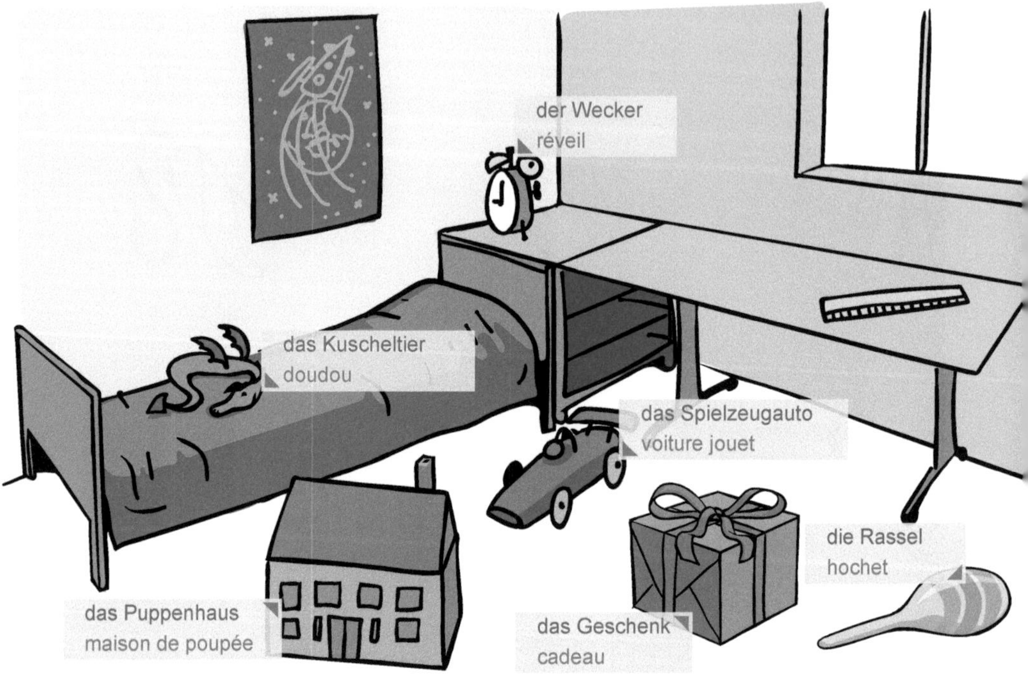

der Ballon

ballon

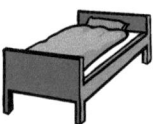

das Bett

lit

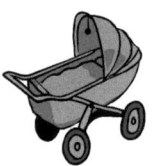

der Kinderwagen

poussette

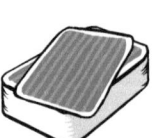

das Kartenspiel

jeu de cartes

das Puzzle

puzzle

SUPER
MEGA

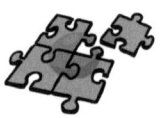

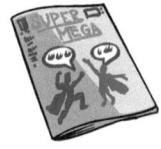

der Comic

bande dessinée

die Legosteine

pièces lego

die Bausteine

blocs de construction

die Actionfigur

figurine

der Strampelanzug

grenouillère

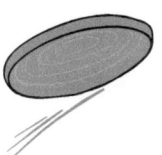

das Frisbee

frisbee

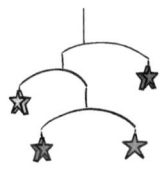

das Mobile

mobile

das Brettspiel

jeu de société

der Würfel

dé

die Modelleisenbahn

train miniature

der Schnuller

sucette

die Party

fête

das Bilderbuch

livre d'images

der Ball

balle

die Puppe

poupée

spielen

jouer

der Sandkasten

bac à sable

die Schaukel

balançoire

das Spielzeug

jouets

die Spielkonsole

console de jeu

das Dreirad

tricycle

der Teddy

ours en peluche

der Kleiderschrank

armoire

die Kleidung
vêtements

die Socken

chaussettes

die Strümpfe

bas

die Strumpfhose

collant

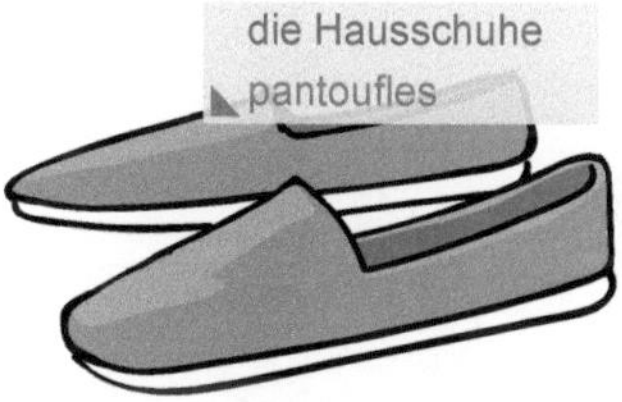

der Schal
écharpe

der Regenschirm
parapluie

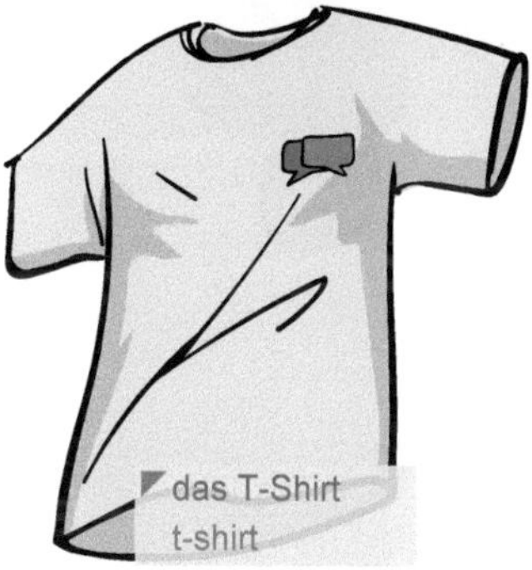

das T-Shirt
t-shirt

der Gürtel
ceinture

die Stiefel
bottes

die Hausschuhe
pantoufles

die Turnschuhe
baskets

die Sandalen
sandales

die Schuhe
chaussures

die Gummistiefel
bottes de caoutchouc

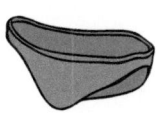

die Unterhose
sous-vêtements

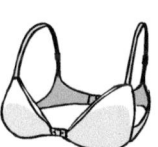

der Büstenhalter
soutien-gorge

das Unterhemd
maillot de corps

die Kleidung - vêtements

45

der Body

body

die Hose

pantalon

die Jeans

jean

der Rock

jupe

die Bluse

chemisier

das Hemd

chemise

der Pullover

pull

der Kapuzenpullover

sweat à capuche

der Blazer

veste

die Jacke

veste

der Mantel

manteau

der Regenmantel

imperméable

das Kostüm

costume

das Kleid

robe

das Hochzeitskleid

robe de mariée

der Anzug

costume

das Nachthemd

chemise de nuit

der Pyjama

pyjama

der Sari

sari

das Kopftuch

foulard

der Turban

turban

die Burka

burqa

der Kaftan

caftan

die Abaya

abaya

der Badeanzug

maillot de bain

die Badehose

maillot de bain

die kurze Hose

short

der Jogginganzug

tenue d'entraînement

die Schürze

tablier

die Handschuhe

gants

der Knopf

bouton

die Brille

lunettes

das Armband

bracelet

die Halskette

collier

der Ring

bague

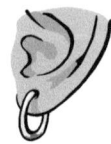

der Ohrring

boucle d'oreille

die Mütze

bonnet

der Kleiderbügel

cintre

der Hut

chapeau

die Krawatte

cravate

der Reißverschluss

fermeture éclair

der Helm

casque

der Hosenträger

bretelles

die Schuluniform

uniforme scolaire

die Uniform

uniforme

das Lätzchen

bavoir

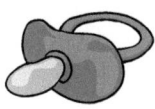

der Schnuller

sucette

die Windel

lange

das Büro
bureau

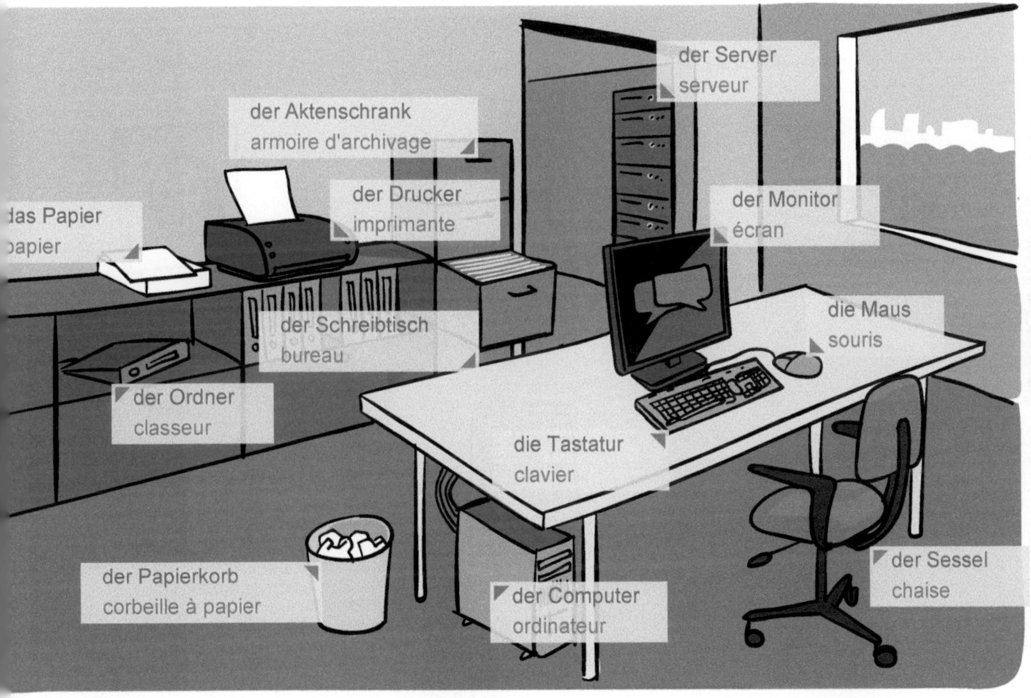

der Server
serveur

der Aktenschrank
armoire d'archivage

das Papier
papier

der Drucker
imprimante

der Monitor
écran

der Schreibtisch
bureau

die Maus
souris

der Ordner
classeur

die Tastatur
clavier

der Papierkorb
corbeille à papier

der Computer
ordinateur

der Sessel
chaise

der Kaffeebecher

tasse de café

der Taschenrechner

calculatrice

das Internet

internet

der Laptop

ordinateur portable

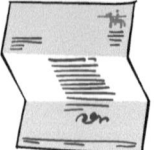

der Brief

lettre

die Nachricht

message

das Handy

portable

das Netzwerk

réseau

der Kopierer

photocopieuse

die Software

logiciel

das Telefon

téléphone

die Steckdose

prise

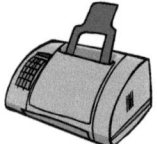

das Fax

fax

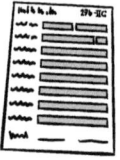

das Formular

formulaire

das Dokument

document

kaufen

acheter

bezahlen

payer

handeln

faire du commerce

das Geld

monnaie

der Dollar

dollar

der Euro

euro

der Yen

yen

der Rubel

rouble

der Franken

franc suisse

der Renminbi Yuan

renminbi yuan

die Rupie

roupie

der Bankomat

distributeur automatique

die Wechselstube

bureau de change

das Gold

or

das Silber

argent

das Öl

pétrole

die Energie

énergie

der Preis

prix

der Vertrag

contrat

die Steuer

taxe

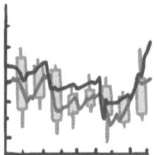

die Aktie

action

arbeiten

travailler

der Angestellte

employé

der Arbeitgeber

employeur

die Fabrik

usine

das Geschäft

magasin

die Berufe
professions

der Polizist
agent de police

der Feuerwehrmann
pompier

der Koch
cuisinier

die Ärztin
médecin

der Pilot
pilote

der Gärtner

jardinier

der Tischler

menuisier

die Schneiderin

couturière

der Richter

juge

die Chemikerin

chimiste

der Schauspieler

acteur

der Busfahrer

conducteur de bus

der Taxifahrer

chauffeur de taxi

der Fischer

pêcheur

die Putzfrau

femme de ménage

der Dachdecker

couvreur

der Kellner

serveur

der Jäger

chasseur

der Maler

peintre

der Bäcker

boulanger

der Elektriker

électricien

der Bauarbeiter

ouvrier

der Ingenieur

ingénieur

der Schlachter

boucher

der Installateur

plombier

die Briefträgerin

facteur

die Berufe - professions

der Soldat

soldat

der Architekt

architecte

die Kassiererin

caissier

die Blumenhändlerin

fleuriste

der Friseur

coiffeur

der Schaffner

contrôleur

der Mechaniker

mécanicien

der Kapitän

capitaine

die Zahnärztin

dentiste

der Wissenschaftler

scientifique

der Rabbi

rabbin

der Imam

imam

der Mönch

moine

der Pfarrer

prêtre

die Werkzeuge
outils

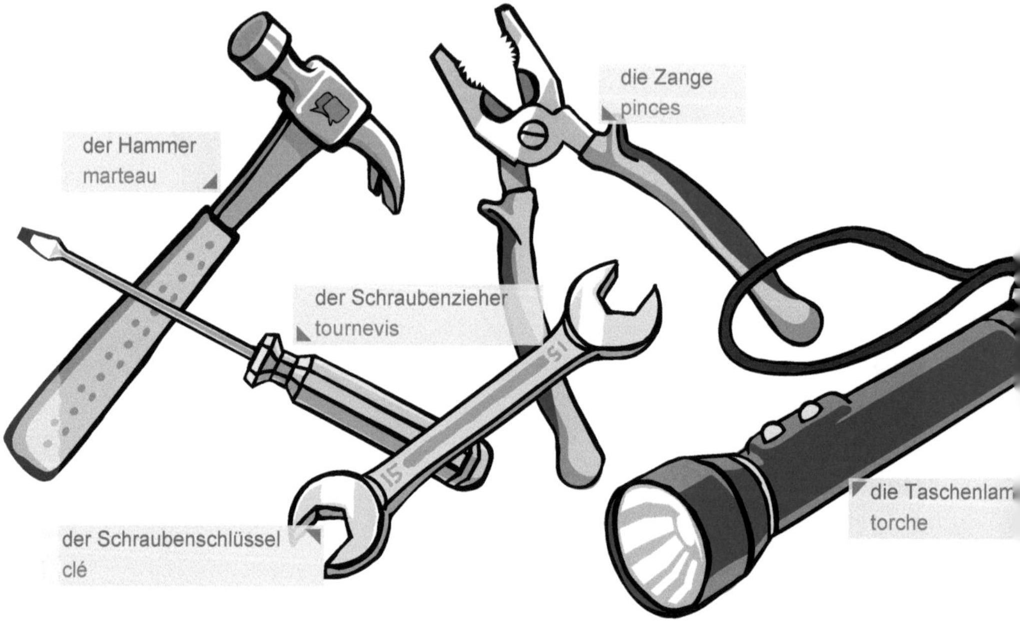

die Zange
pinces
der Hammer
marteau
der Schraubenzieher
tournevis
die Taschenlam
torche
der Schraubenschlüssel
clé

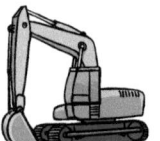

der Bagger

pelleteuse

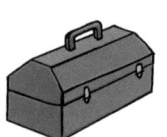

der Werkzeugkasten

boîte à outils

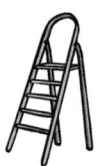

die Leiter

échelle

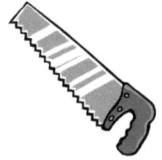

die Säge

scie

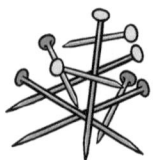

die Nägel

clous

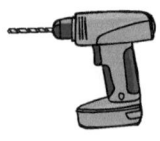

der Bohrer

perceuse

reparieren

réparer

die Schaufel

pelle

Scheiße!

Mince !

die Kehrschaufel

pelle

der Farbtopf

pot de peinture

die Schrauben

vis

die Musikinstrumente

instruments de musique

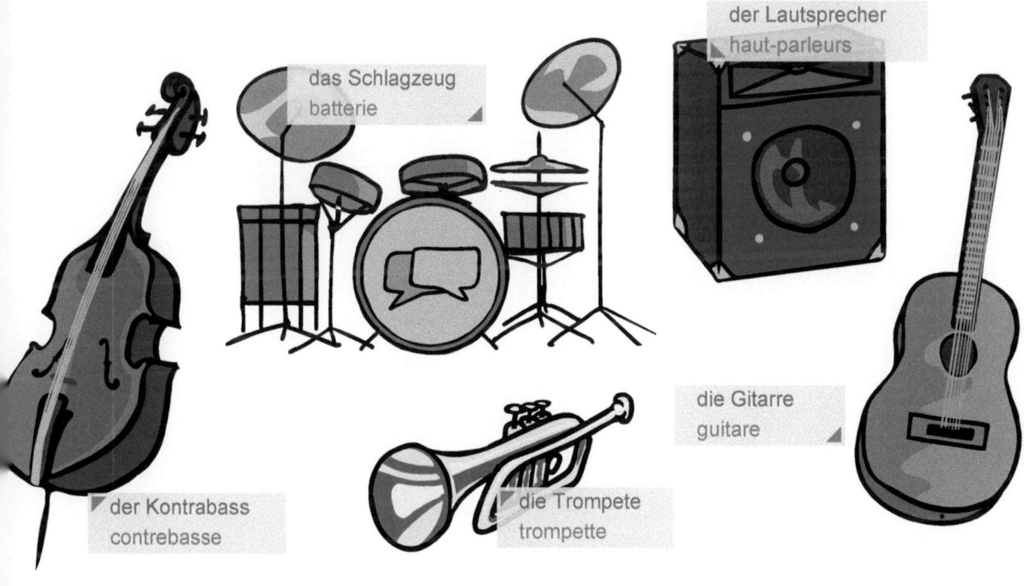

der Lautsprecher
haut-parleurs

das Schlagzeug
batterie

die Gitarre
guitare

der Kontrabass
contrebasse

die Trompete
trompette

das Klavier

piano

die Violine

violon

der Bass

basse

die Pauke

timbales

die Trommeln

tambour

die Tastatur

piano électrique

das Saxophon

saxophone

die Flöte

flûte

das Mikrofon

microphone

der Zoo

zoo

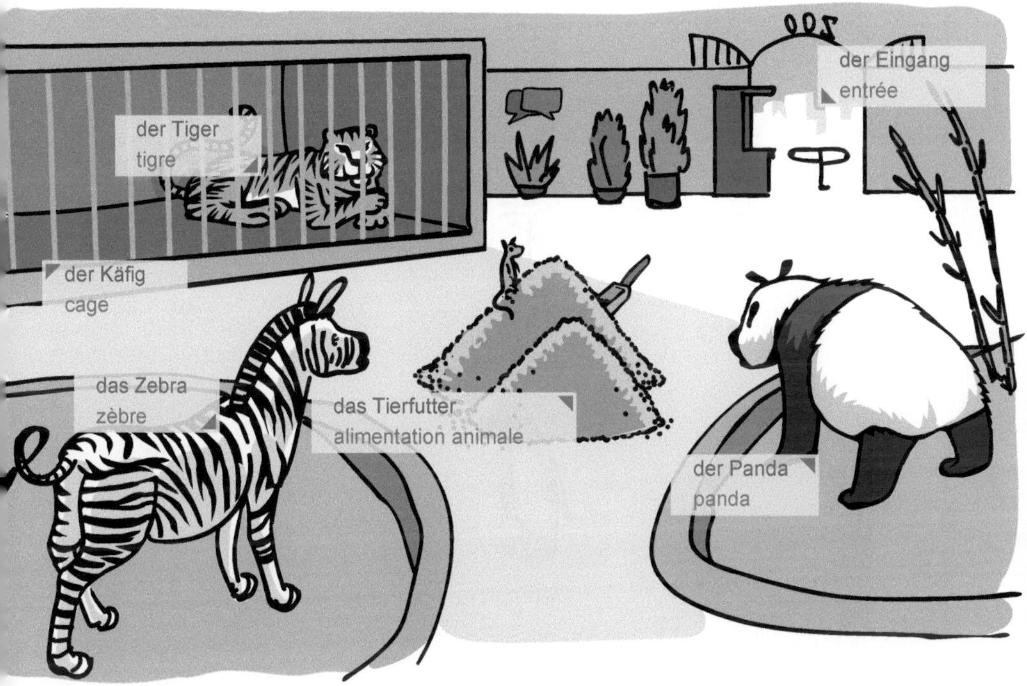

der Eingang
entrée
der Tiger
tigre
der Käfig
cage
das Zebra
zèbre
das Tierfutter
alimentation animale
der Panda
panda

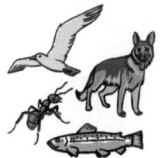

die Tiere

animaux

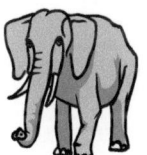

der Elefant

éléphant

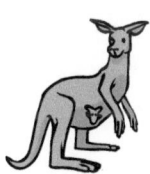

das Känguru

kangourou

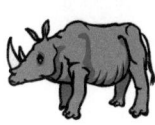

das Nashorn

rhinocéros

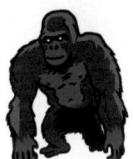

der Gorilla

gorille

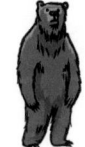

der Bär

ours

das Kamel

chameau

der Strauß

autruche

der Löwe

lion

der Affe

singe

der Flamingo

flamand rose

der Papagei

perroquet

der Eisbär

ours polaire

der Pinguin

pingouin

der Hai

requin

der Pfau

paon

die Schlange

serpent

das Krokodil

crocodile

der Zoowärter

gardien de zoo

die Robbe

phoque

der Jaguar

jaguar

das Pony

poney

der Leopard

léopard

das Nilpferd

hippopotame

die Giraffe

girafe

der Adler

aigle

das Wildschwein

sanglier

der Fisch

poisson

die Schildkröte

tortue

das Walross

morse

der Fuchs

renard

die Gazelle

gazelle

der Sport
sports

das American Football
american Football

das Radfahren
cyclisme

das Tennis
tennis

der Basketball
basket-ball

das Schwimmen
natation

das Boxen
boxe

das Eishockey
hockey sur glace

der Fußball
football

das Badminton
badminton

die Leichtathletik
athlétisme

der Handball
handball

das Skifahren
ski

das Polo
polo

die Aktivitäten

activités

springen
sauter
umarmen
embrasser
lachen
rire
gehen
marcher
singen
chanter
träumen
rêver
beten
prier
küssen
faire la bise

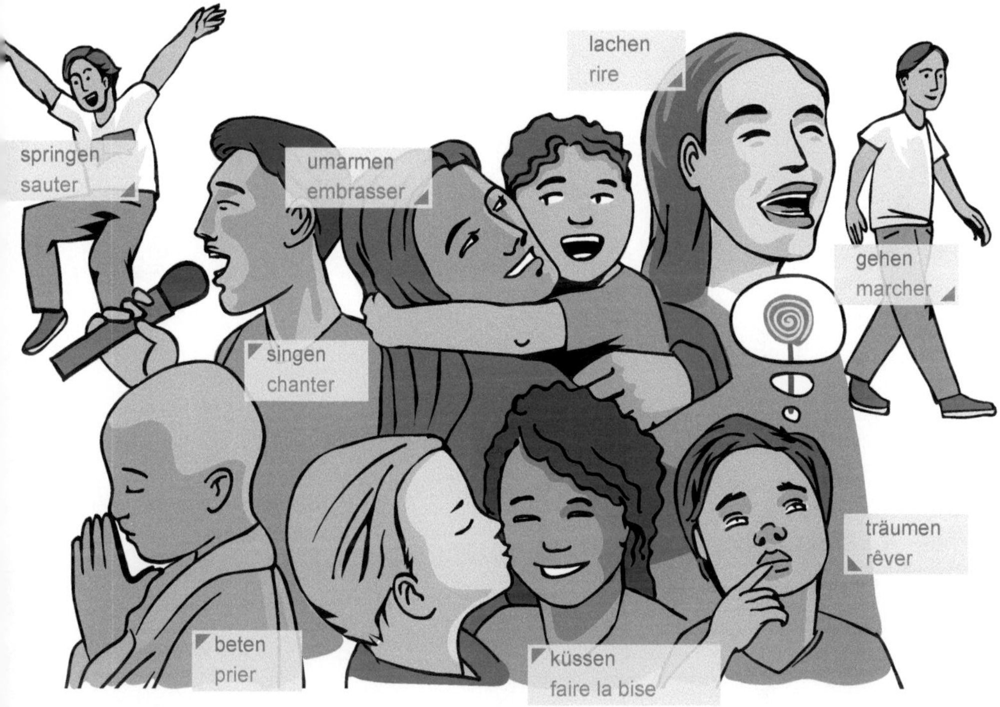

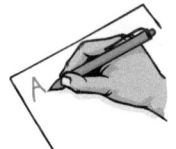

schreiben

écrire

zeichnen

dessiner

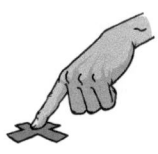

zeigen

montrer

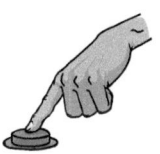

drücken

pousser

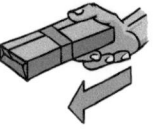

geben

donner

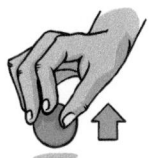

nehmen

prendre

haben

avoir

machen

faire

sein

être

stehen

être debout

laufen

courir

ziehen

trier

werfen

jeter

fallen

tomber

liegen

être couché

warten

attendre

tragen

porter

sitzen

être assis

anziehen

s'habiller

schlafen

dormir

aufwachen

se réveiller

ansehen

regarder

weinen

pleurer

streicheln

caresser

frisieren

peigner

reden

parler

verstehen

comprendre

fragen

demander

hören

écouter

trinken

boire

essen

manger

zusammenräumen

ranger

lieben

aimer

kochen

cuire

fahren

conduire

fliegen

voler

segeln

faire de la voile

rechnen

calculer

lesen

lire

lernen

apprendre

arbeiten

travailler

heiraten

se marier

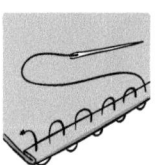

nähen

coudre

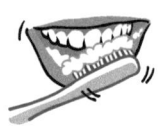

Zähne putzen

brosser les dents

töten

tuer

rauchen

fumer

senden

envoyer

die Familie
famille

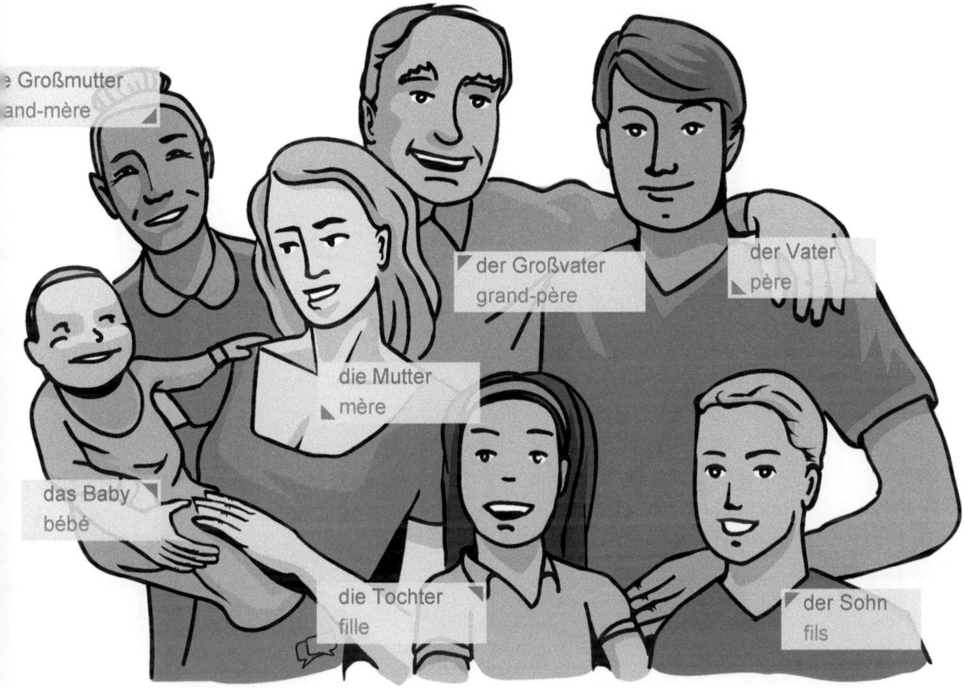
Großmutter
and-mère
der Großvater
grand-père
der Vater
père
die Mutter
mère
das Baby
bébé
die Tochter
fille
der Sohn
fils

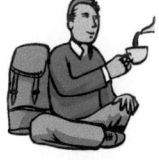

der Gast

hôte

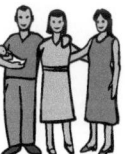

die Tante

tante

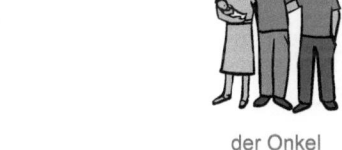

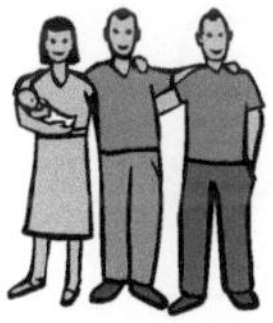

der Onkel

oncle

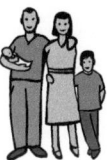

der Bruder

frère

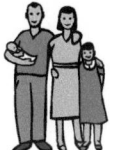

die Schwester

sœur

der Körper

corps

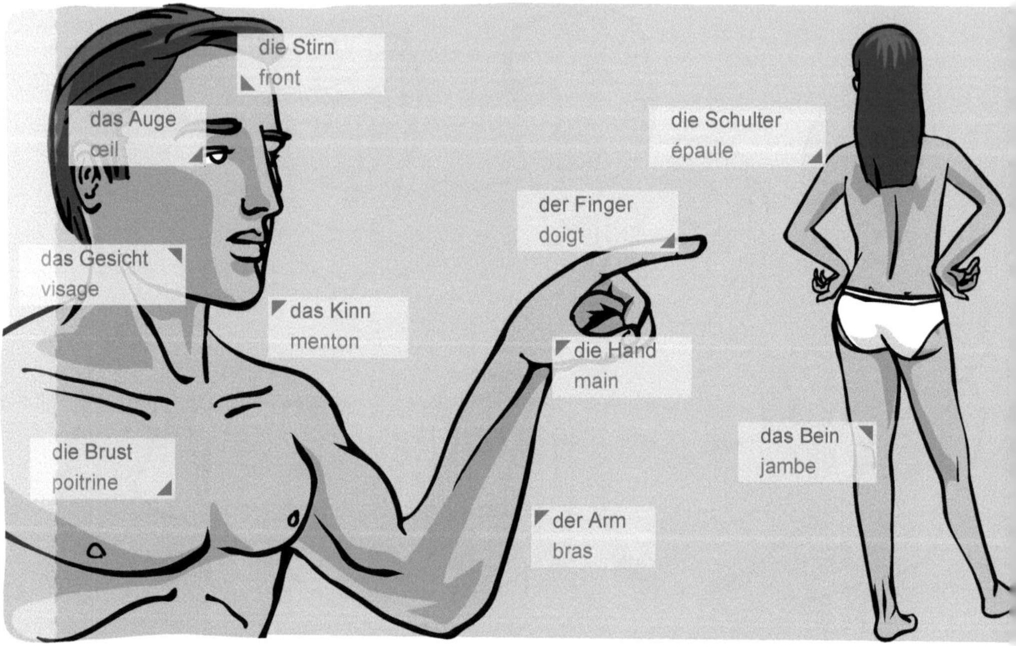

die Stirn
front

das Auge
œil

die Schulter
épaule

der Finger
doigt

das Gesicht
visage

das Kinn
menton

die Hand
main

die Brust
poitrine

das Bein
jambe

der Arm
bras

das Baby

bébé

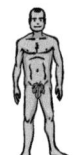

der Mann

homme

die Frau

femme

das Mädchen

fille

der Junge

garçon

der Kopf

tête

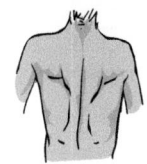

der Rücken

dos

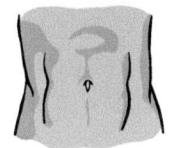

der Bauch

ventre

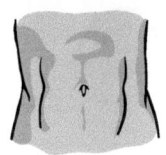

der Nabel

nombril

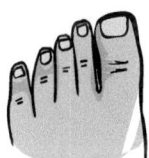

der Zeh

orteil

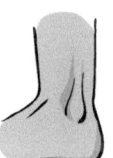

die Ferse

talon

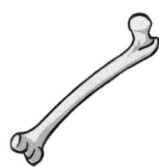

der Knochen

os

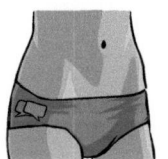

die Hüfte

hanche

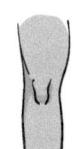

das Knie

genou

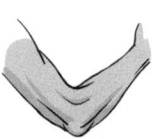

der Ellbogen

coude

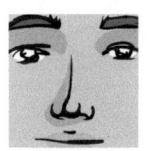

die Nase

nez

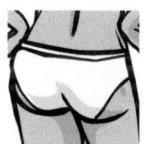

das Gesäß

fesses

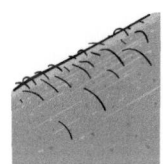

die Haut

peau

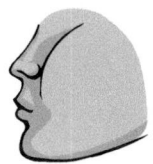

die Wange

joue

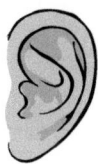

das Ohr

oreille

die Lippe

lèvre

der Mund

bouche

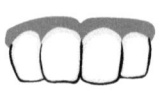

der Zahn

dent

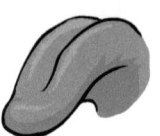

die Zunge

langue

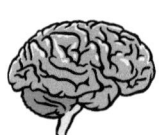

das Gehirn

cerveau

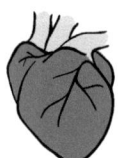

das Herz

cœur

der Muskel

muscle

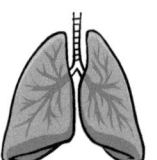

die Lunge

poumons

die Leber

foie

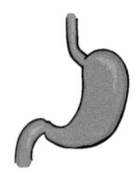

der Magen

estomac

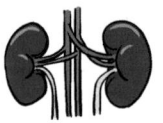

die Nieren

reins

der Geschlechtsverkehr

rapport sexuel

das Kondom

préservatif

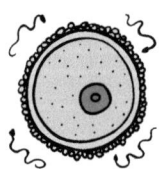

die Eizelle

ovule

das Sperma

sperme

die Schwangerschaft

grossesse

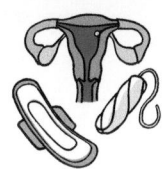

die Menstruation

menstruation

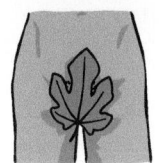

die Vagina

vagin

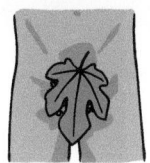

der Penis

pénis

die Augenbraue

sourcil

das Haar

cheveux

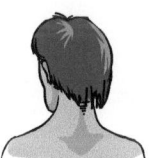

der Hals

cou

das Spital
hôpital

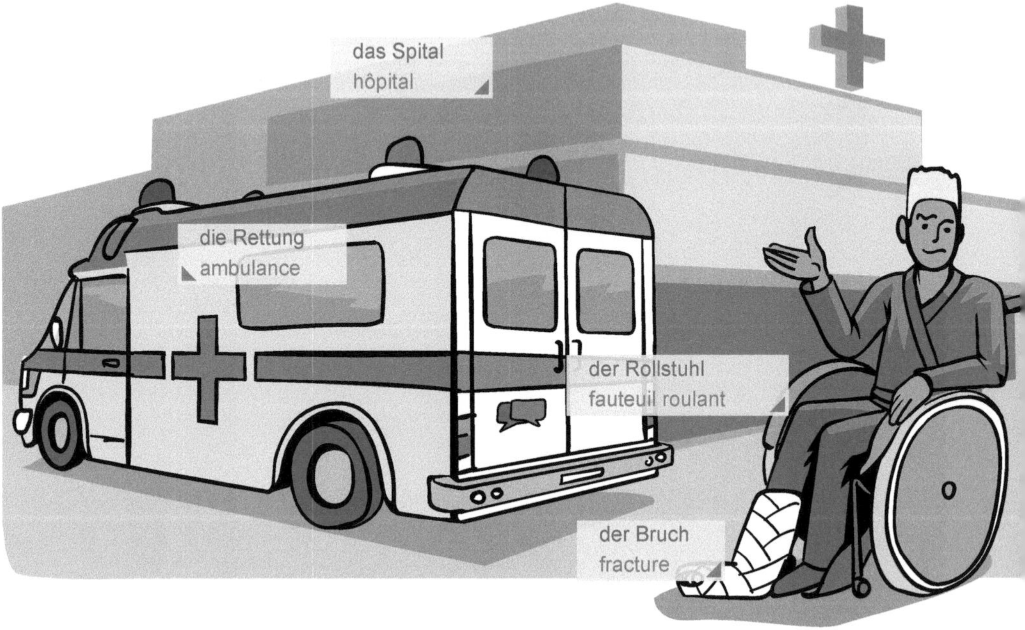

das Spital
hôpital

die Rettung
ambulance

der Rollstuhl
fauteuil roulant

der Bruch
fracture

die Ärztin

médecin

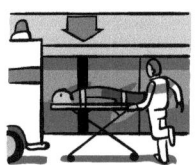

die Notaufnahme

service des urgences

die Krankenschwester

infirmière

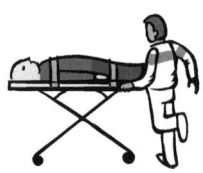

der Notfall

urgence

ohnmächtig

inconscient

der Schmerz

douleur

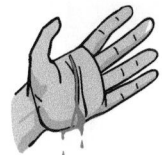

die Verletzung

blessure

die Blutung

hémorragie

der Herzinfarkt

crise cardiaque

der Schlaganfall

attaque cérébrale

die Allergie

allergie

der Husten

toux

das Fieber

fièvre

die Grippe

grippe

der Durchfall

diarrhée

die Kopfschmerzen

mal de tête

der Krebs

cancer

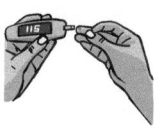

die Diabetes

diabète

der Chirurg

chirurgien

das Skalpell

scalpel

die Operation

opération

das CT

CT

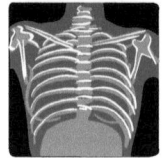

das Röntgen

radiographie

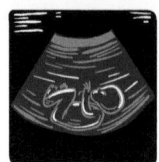

der Ultraschall

échographie

die Maske

masque

die Krankheit

maladie

das Wartezimmer

salle d'attente

die Krücke

béquille

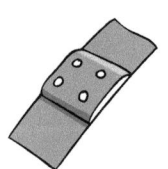

das Pflaster

pansement

der Verband

pansement

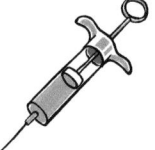

die Injektion

injection

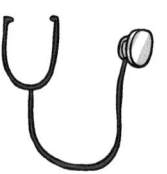

das Stethoskop

stéthoscope

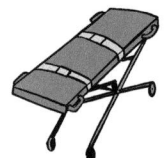

die Trage

brancard

das Thermometer

thermomètre

die Geburt

accouchement

das Übergewicht

surcharge pondérale

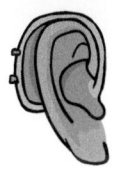

das Hörgerät

appareil auditif

das Desinfektionsmittel

désinfectant

die Infektion

infection

das Virus

virus

das HIV / AIDS

VIH / sida

die Medizin

médicament

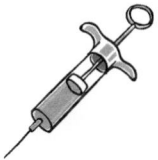

die Impfung

vaccination

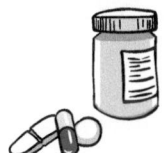

die Tabletten

comprimés

die Pille

pilule

der Notruf

appel d'urgence

der Blutdruckmesser

tensiomètre

krank / gesund

malade / sain

der Alarm

alarme

der Überfall

assaut

Hilfe!

Au secours !

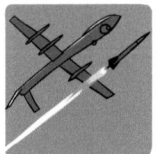

der Angriff

attaque

die Gefahr

danger

der Notausgang

sortie de secours

Feuer!

Au feu!

der Feuerlöscher

extincteur

der Unfall

accident

der Erste-Hilfe-Koffer

trousse de premier secours

SOS

SOS

die Polizei

police

das Europa

Europe

das Nordamerika

Amérique du Nord

das Südamerika

Amérique du Sud

das Afrika

Afrique

das Asien

Asie

das Australien

Australie

der Atlantik

Océan atlantique

der Pazifik

Océan pacifique

der Indische Ozean

Océan indien

der Antarktische Ozean

Océan antarctique

der Arktische Ozean

Océan arctique

der Nordpol

pôle nord

der Südpol

pôle sud

die Antarktis

Antarctique

die Erde

terre

das Land

pays

das Meer

mer

die Insel

île

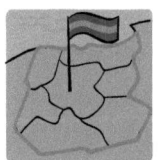

die Nation

nation

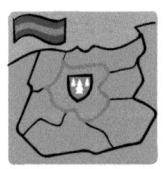

der Staat

état

das Ziffernblatt

cadran

der Stundenzeiger

aiguille des heures

der Minutenzeiger

aiguille des minutes

der Sekundenzeiger

aiguille des secondes

Wie spät ist es?

Quelle heure est-il ?

der Tag

jour

die Zeit

temps

jetzt

maintenant

die Digitaluhr

montre digitale

die Minute

minute

die Stunde

heure

die Woche

semaine

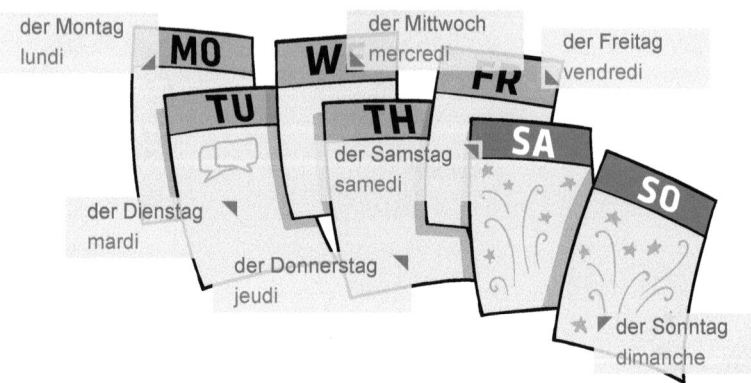

der Montag
lundi

der Mittwoch
mercredi

der Freitag
vendredi

der Dienstag
mardi

der Samstag
samedi

der Donnerstag
jeudi

der Sonntag
dimanche

gestern

hier

heute

aujourd'hui

morgen

demain

der Morgen

matin

der Mittag

midi

der Abend

soir

die Arbeitstage

jours ouvrables

das Wochenende

week-end

das Jahr

année

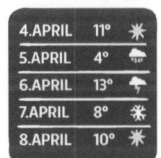

der Regen
pluie
der Regenbogen
arc-en-ciel
der Schnee
neige
der Winc
vent
der Frühling
printemps
der Herbst
automne
der Sommer
été
der Winter
hiver

4.APRIL 11°
5.APRIL 4°
6.APRIL 13°
7.APRIL 8°
8.APRIL 10°

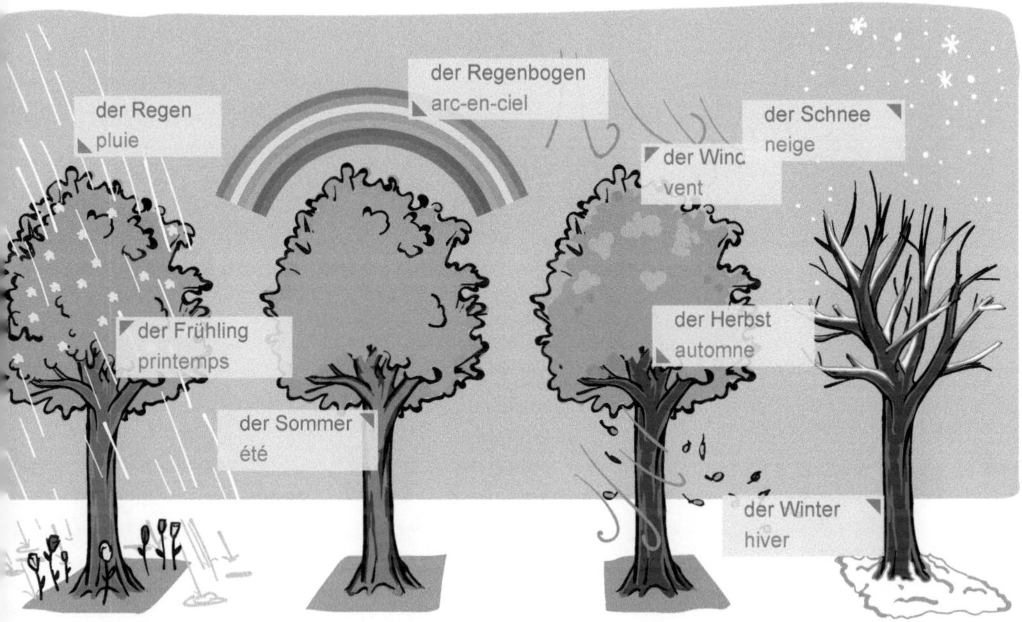

die Wettervorhersage

météo

F C
120 90 60 30 0 -30
40 30 20 10 0 -10 -20

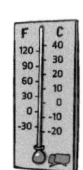

das Thermometer

thermomètre

der Sonnenschein

lumière du soleil

die Wolke

nuage

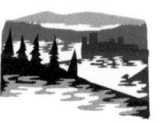

der Nebel

brouillard

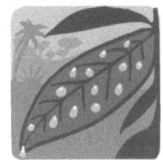

die Luftfeuchtigkeit

humidité

der Blitz

foudre

der Donner

tonnerre

der Sturm

tempête

der Hagel

grêle

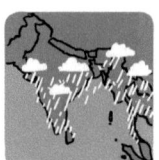

der Monsun

mousson

die Flut

inondation

das Eis

glace

der Jänner

janvier

der Februar

février

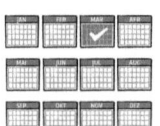

der März

mars

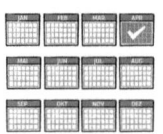

der April

avril

der Mai

mai

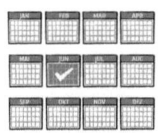

der Juni

juin

der Juli

juillet

der August

août

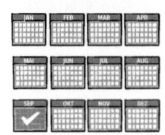

der September
....
septembre

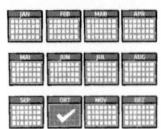

der Oktober
....
octobre

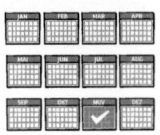

der November
....
novembre

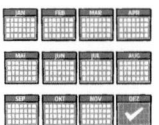

der Dezember
....
décembre

die Formen
formes

der Kreis
....
cercle

das Quadrat
....
carré

das Rechteck
....
rectangle

das Dreieck
....
triangle

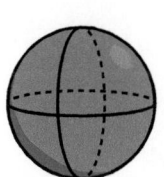

die Kugel
....
sphère

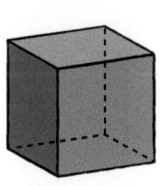

der Würfel
....
cube

die Farben
couleurs

weiß

blanc

gelb

jaune

orange

orange

pink

rose

rot

rouge

lila

violet

blau

bleu

grün

vert

braun

marron

grau

gris

schwarz

noir

viel / wenig

beaucoup / peu

wütend / friedlich

fâché / calme

hübsch / hässlich

joli / laid

der Anfang / das Ende

début / fin

groß / klein

grand / petit

hell / dunkel

clair / obscure

der Bruder / die Schwester

frère / soeur

sauber / schmutzig

propre / sale

vollständig / unvollständig

complet / incomplet

der Tag / die Nacht

jour / nuit

tot / lebendig

mort / vivant

breit / schmal

large / étroit

genießbar / ungenießbar

comestible / incomestible

böse / freundlich

méchant / gentil

aufgeregt / gelangweilt

excité / ennuyé

dick / dünn

gros / mince

zuerst / zuletzt

premier / dernier

der Freund / der Feind

ami / ennemi

voll / leer

plein / vide

hart / weich

dur / souple

schwer / leicht

lourd / léger

der Hunger / der Durst

faim / soif

krank / gesund

malade / sain

illegal / legal

illégal / légal

gescheit / dumm

intelligent / stupide

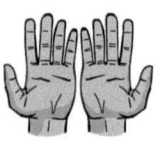

links / rechts

gauche / droite

nah / fern

proche / loin

neu / gebraucht

nouveau / usé

nichts / etwas

rien / quelque chose

alt / jung

vieux / jeune

an / aus

marche / arrêt

offen / geschlossen

ouvert / fermé

leise / laut

faible / fort

reich / arm

riche / pauvre

richtig / falsch

correct / incorrect

rau / glatt

rugueux / lisse

traurig / glücklich

triste / heureux

kurz / lang

court / long

langsam / schnell

lent / rapide

nass / trocken

mouillé / sec

warm / kühl

chaud / froid

der Krieg / der Frieden

guerre / paix

die Zahlen
nombres

0

null

zéro

1

eins

un / une

2

zwei

deux

3

drei

trois

4

vier

quatre

5

fünf

cinq

6

sechs

six

7

sieben

sept

8

acht

huit

9

neun

neuf

10

zehn

dix

11

elf

onze

12

zwölf

douze

13

dreizehn

treize

14

vierzehn

quatorze

15

fünfzehn

quinze

16

sechzehn

seize

17

siebzehn

dix-sept

18

achtzehn

dix-huit

19

neunzehn

dix-neuf

20

zwanzig

vingt

100

hundert

cent

1.000

tausend

mille

1.000.000

Million

million

die Sprachen
langues

Englisch

anglais

Amerikanisches Englisch

anglais américain

Chinesisch (Mandarin)

chinois mandarin

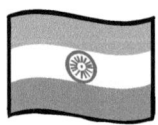

Hindi

hindi

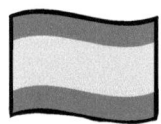

Spanisch

espagnol

Französisch

français

Arabisch

arabe

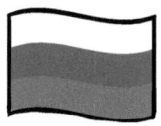

Russisch

russe

Portugiesisch

portugais

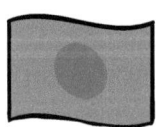

Bengalisch

bengali

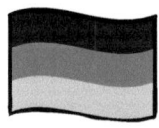

Deutsch

allemand

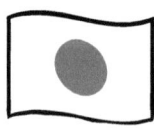

Japanisch

japonais

ich

je

du

tu

er / sie / es

il / elle / ce, c', cela

wir

nous

ihr

vous

sie

ils / elles

Wer?

Qui ?

Was?

Quoi ?

Wie?

Comment ?

Wo?

Où ?

Wann?

Quand ?

Name

nom

hinter

derrière

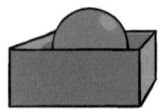

in

dans

vor

devant

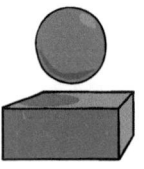

über

au-dessus

auf

sur

unter

en-dessous

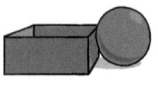

neben

à côté de

zwischen

entre

der Ort

lieu